*par Carmontel*
*d'après les anecdotes dramatiques*
*de Clément et de Laporte.*

# ALMÉNORADE.

## TRAGÉDIE.

### DIXIÉME PROVERBE.

# PERSONNAGES.

Le SULTAN.

ALMÉNORADE, *Princeſſe*.

ORCANOR, *Général d'Armée*.

ELMIRE, *Confidènte d'Alménorade*.

HASSAN, *Confident du Sultan*.

ORMIN, *Confident d'Orcanor*.

Deux GARDES *du Sultan*.

Le SOUFFLEUR.

*La Scene eſt dans le Palais du Sultan.*

# ALMÉNORADE,
## *TRAGÉDIE.*
### PROVERBE

---

## SCENE PREMIÊRE.

### Le SULTAN, HASSAN.

### Le SULTAN.

É COUTE, cher Haffan, & fois comme une
 fouche.
Sur ce que tu fçauras, n'ouvre jamais la bouche.

### HASSAN.

Seigneur, des Confidents je fuis le plus difcret,
J'entends & ne dis mot, parlez, me voilà prêt,

### Le SULTAN.

Tu connois de mes feux le douloureux martyre;
Mais à toi, mon ami, je ne peux trop le dire;

L'ingratte Alménorade, en confumant mon cœur,
Dans le Prince Orcanor, voit toujours fon vain-
   queur ;
Je n'en fçaurois douter, fon ardeur eft extrême.

    HASSAN.

Vous le croyez, Seigneur ?

    Le SULTAN.

     Tout prouve qu'elle l'aime ;
Mais pour m'en affurer, de cet ambitieux
J'avance le retour aujourd'hui dans ces lieux.

    HASSAN.

Quel eft votre projet ? Comment ! couvert de gloire,
Voulez-vous lui montrer, après cette victoire
Que fur les Maroquins, il vient de remporter ?..

    Le SULTAN.

Lorfque je veux parler, veux-tu bien m'écouter :
Fait pour ramper, tu veux, ainfi que le vulgaire,
Pénétrer mes deffeins ! c'eft le fort ordinaire
De nos ingrats Sujets ; leurs defirs curieux,
Sur les décrets du Thrône ofent lever les yeux :
Quand le fer du fourreau, fortant brille & s'ap-
   prête,
On voit encor lever leur imprudente tête......
Mais j'entends Orcanor, il vient dans ce féjour
Aux yeux d'Alménorade exprimer fon amour ;
De cent coups de poignard, tu vas quand tu te
   flatte,

Sentir percer ton cœur, ame vile, ame ingratte.

*Il met la main fur fon poignard.*

### Le SOUFFLEUR.

Mais Monfieur, ce n'eft pas encore là le moment de tuer.

### Le SULTAN.

Hé, Monfieur, je le fçai bien, mêlez-vous de fouffler & laiffez-moi faire. *Il fe redreffe.*

Voici quelqu'un, je crois. Je ne me trompe pas. Ah, c'eft Alménorade. O Dieux! qu'elle a d'appas!

# SCENE II.

### Le SULTAN, ALMÉNORADE, ELMIRE, HASSAN.

### ALMÉNORADE.

JE vous cherchois, Seigneur, en ce jour plein
de charmes,
Pour vous féliciter fur le fort de vos armes.

### Le SULTAN.

Il eft pour moi bien doux; puifque dans le butin,
Pour vos pantoufles, j'ai beaucoup de Maroquin :
En voyant à vos pieds cette marque de gloire,
Je goûterai bien mieux le prix de la victoire ;

Mais plus heureux encor, si formant chaque pas,
Elle les dirigeoit pour venir dans mes bras :
En partageant mon Thrône & ma toute-puissance,
Vous verriez votre Roi, sous votre obéissance
N'avoir plus de desirs, ne former plus de vœux,
Que de voir de vos jours, tous les instants heureux.

### ALMÉNORADE.

O Dieux ! qui, moi, Seigneur ? je n'y dois point
        prétendre ;
Vous sçavez de mon cœur, que l'amour le plus
        tendre
Ne pourra s'effacer ; vous connoissez mes vœux,
Songez que vous avez approuvé ces beaux feux.

### Le SULTAN.

Quoi, vous me résistez ! vous méprisez ma flâme !
Ah, si je m'en croyois !... je ne dis rien, Madame ;
Mais le Prince Orcanor, que vous allez revoir,
Ne doit plus près de vous, avoir aucun espoir.
Adieu.

---

# SCENE III.

## ALMÉNORADE, ELMIRE.

### ALMÉNORADE.

QUE m'a-t'il dit ! quoi, ce n'est pas un songe !
Dans quel abîme affreux un tel amour me plonge !

Le retour d'Orcanor, faifoit tout mon bonheur,

Ce retour à préfent me comble de frayeur ;

Je crains pour lui, pour moi, pour cet amour
fidelle. ....

Je devrois l'éviter !... quelle peine cruelle !

Te fuir, cher Orcanor ! quand le plus tendre
amour

Devroit te couronner avant la fin du jour !

Elmire, foutiens-moi..... quels confeils dois-je
fuivre ?

Pour toi, barbare affreux, non, je ne fçaurois
vivre.

ELMIRE.

Diffimulez, Madame, & devant le Sultan,

Ayez ce doux regard qui flatte un tendre amant,

Il eft doux de tromper le tyran qu'on abhore,

Quand c'eft pour conferver l'amant que l'on adore.

ALMÉNORADE.

Hé-bien, cet art en moi va briller aujourd'hui,

Pour toi, cher Orcanor.... mais, que vois-je !
c'eft lui ?

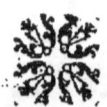

# SCENE IV.

ALMÉNORADE, ORCANOR, ELMIRE, ORMIN.

### ORCANOR.

Oui, Madame, c'est moi, que la gloire ramène
Dans les fers de l'amour dont il chérit la chaîne;
Lui seul fait des Héros; en soupirant pour vous,
Qui coupe tête & bras, goûte un plaisir bien doux!
De l'avare Achéron, en contentant l'envie,
J'espérois avec vous, rendre autant à la vie,
Que mon bras à la mort a livré d'ennemis.....
Que vois-je! cet espoir ne m'est-il plus permis?

### ALMÉNORADE.

Que dites-vous, ô Ciel!

### ORCANOR.

Vous soupirez, Madame!
Vous répandez des pleurs, trahissez-vous ma
flâme?

### ALMÉNORADE.

Le croyez-vous, Seigneur? un vainqueur tel que
vous,
D'aucun autre mortel peut-il être jaloux?
Faites-vous cette injure à la plus tendre amante,
A ce cœur plein de vous, à mon ardeur constante?

#### ORCANOR.

Si vous m'aimez toujours, qui peut vous allarmer ?
Les flambeaux de l'hymen, pour nous vont s'allu-
    mer,
Je ne vous comprends point : ah ! ma chere Prin-
    cesse,
Qui peut troubler ainsi ce moment d'allégresse ?

#### ALMÉNORADE.

Le sort cruel, hélas ! qui va nous séparer.
O Dieux ! je sens mon cœur prêt à se déchirer !
Un amour trop fatal va faire notre perte ;
Quelle main à l'instant, cher Prince, m'est offerte !
Un maître impétueux, veut dans ce même jour,
Qu'en partageant ses feux j'approuve son amour.

#### ORCANOR.

Et vous y consentez ?

#### ALMÉNORADE.

        Ah ! que sur moi la foudre
Plûtôt tombe en éclats & me réduise en poudre,
Que de cesser jamais d'adorer & d'aimer,
Un Prince malheureux qui m'a trop sçu charmer !

#### ORCANOR.

Hé-bien, venez, fuyons, il en est tems encore ;
Avant que je revoye un monstre que j'abhore,
Même avant que l'ingrat apprenne mon retour,
Nous serons éloignés de ce fatal séjour.

### ALMÉNORADE.

J'entends du bruit ; c'est lui, calmez votre colére,
Comptez sur mon amour, Prince, & laissez-moi
 faire.

## SCENE V.

### Le SULTAN, ALMÉNORADE, ORCANOR, ELMIRE, HASSAN, OSMIN, GARDES.

### Le SULTAN.

QUAND je vous ai mandé, lorsque je vous
 attends,
Occupé d'autres soins, ici je vous surprends,
Orcanor ; quel dessein en secret vous fait rendre
Auprès d'Alménorade ? ici je viens l'apprendre ;
Parlez, & sans détours.

### ALMÉNORADE.

   Il vous cherchoit, Seigneur.

### Le SULTAN.

Non, je vois, malgré lui, le trouble de son cœur ;
Tous ses soins sont pour vous, ignorant ma ten-
 dresse.

### ALMÉNORADE.

Ah, quelle est votre erreur ! connoissez ma foi-
 blesse,

Il me trompoit l'ingrat, & lorſque je l'aimois,
Que m'uniſſant à vous, de lui je m'occupois,
J'apprends que ce vainqueur aime une Maro-
    quine,
Et qu'il veut épouſer cette infâme coquine.
Par cet hymen affreux, puiſqu'il ſçait m'outrager,
Sans héſiter je dois & je veux me vanger.
Dans ces derniers regrets d'une douleur amère,
Pardonnez-moi, Seigneur, cette juſte colére;
En m'occupant de vous, je vais voir effacer
Le trait que ſon amour avoit ſçu me lancer....

### Le SULTAN.

Orcanor, eſt-il vrai ? parlez ici ſans feinte.

### ORCANOR.

Seigneur, le tendre objet dont mon ame eſt at-
    teinte,
Dont je ſuivrai toujours la trop charmante loi,
N'attendra pas long-tems pour recevoir ma foi,
Je vous l'oſe aſſurer, même devant Madame,
Rien n'éteindra jamais cette divine flâme.

### Le SULTAN.

Vous vous jouez ainſi de ma crédulité !
Non, non, ne comptez plus, ingrats, ſur ma bonté;
J'avois tout entendu, je ſçai ce qui ſe paſſe;
Dans ma juſte fureur, n'attendez point de grace.

*Il tire son poignard pour frapper Orcanor.*

Vous périrez.

### Le SOUFFLEUR.

Hé non, Monsieur.

### Le SULTAN.

Vous périrez. *Il se tourne du côté d'Alméno-rade.*

### Le SOUFFLEUR.

Arrêtez donc, ce n'est pas cela.

### Le SULTAN.

Mais, Monsieur, il faut bien que je tue quelqu'un.

### Le SOUFFLEUR.

Je vous dis que non.

### Le SULTAN.

Mais c'est dans la piéce.

### Le SOUFFLEUR.

Et c'est une faute d'impreffion.

### Le SULTAN.

Comment, voyons?

### Le SOUFFEUR, *sur le Théâtre.*

Tenez, lisez vous-même.

### Le SULTAN,

Mais à la fin.

Le SOUFFLEUR, *cherche.*

Ah! cela eft vrai.

### Le SULTAN.

Hé-bien, pour mieux t'apprendre à lire l'errata,

Imbécille Souffleur, c'eft toi qui périra. *Il le*
*frappe.*

Le SOUFFLEUR, *dans les bras des Gardes.*

Que je fuis malheureux ! je meurs, que l'on
m'emporte ;

Mais qu'on rende à chacun, fon argent à la
porte.


*Fin du dixiéme Proverbe.*

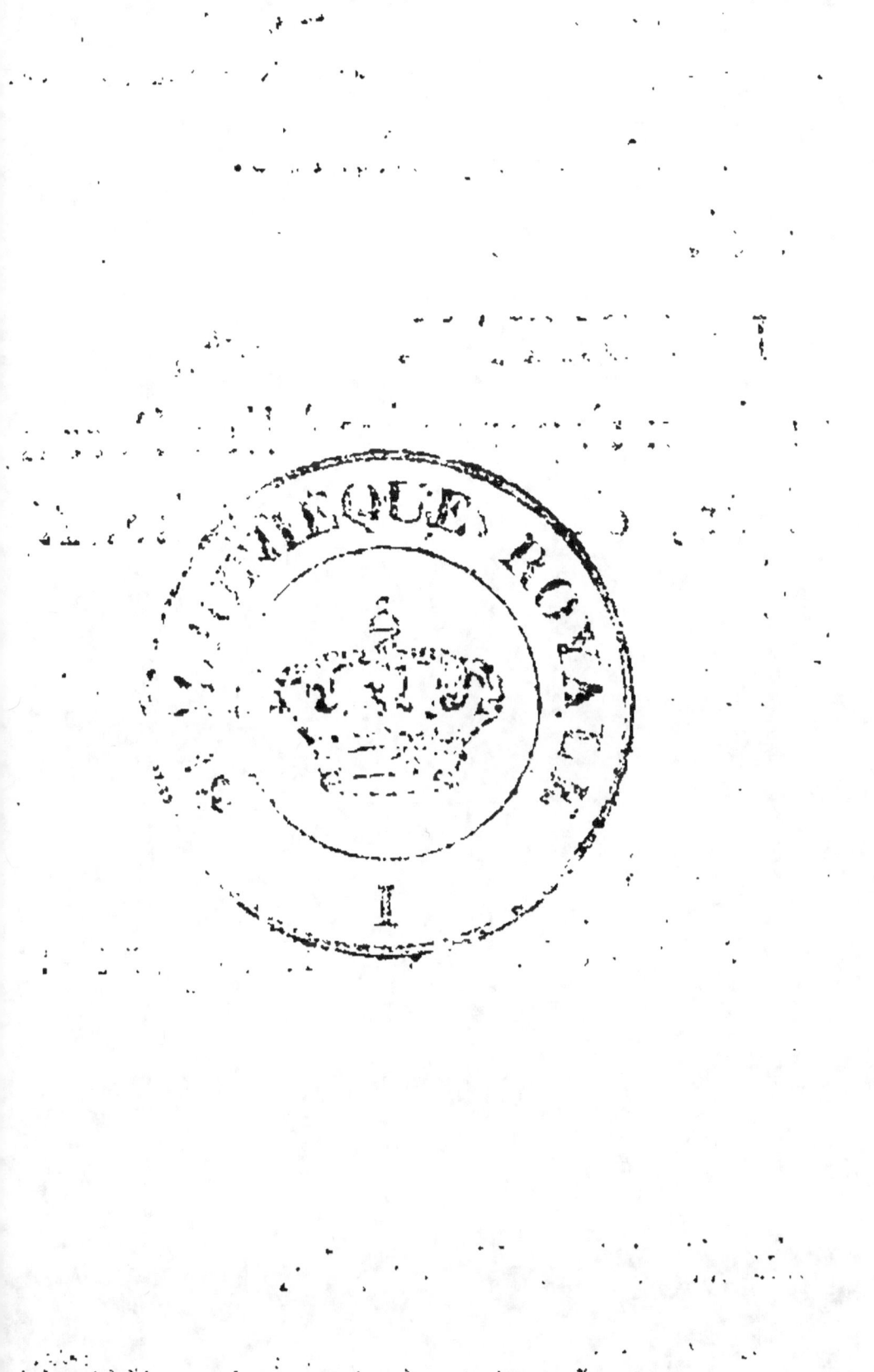